AF399179

Curso-Rápido-59-Minutos

Tumblr-Marketing – Nuevos Ventas para tu negocio

Gana Nuevos Grupos de Clientes y Ventas para tu negocio con bajos gastos y Ventas.

Sebastian Merz

© Sebastian Merz, 2020 – 2nd Edition

Impreso y editado por Books on Demand GmbH
info@bod.com.es - www.bod.com.es
Impreso en Alemania – Printed in Germany

ISBN: 978-8-4132-6805-7

Información General

El uso de este libro y la implementación de la información aquí presentada se hace bajo la responsabilidad del lector. El autor y quien lo publica están exentos de cualquier tipo de responsabilidad en caso de que se presenten accidentes o daños de cualquier tipo que se presenten por consejos incluidos en este libro.

Inhaltsverzeichnis

Introducción a las series

Las series curso-rápido-59-minutos ofrece rápida información disponible a sus lectores que se han comprendido dentro de menos de una hora y que puede subsecuentemente ser realizada exitosamente. Para esto, el curso-rápido-59-minutos deliberadamente va sin mucha teoría y se enfoca en la implementación práctica.

Prefacio

Estimados Lectores,

Los felicito por haber comprador un libro sobre marketing en Tumblr. Con eso, muestran que están dispuestos a pisar nuevos y no tan trillados caminos de marketing. Verán que vale la pena estar presentes con su compañía, su producto o su servicio en Tumblr.

En el siguiente libro, les presentará una oportunidad de marketing »Tumblr marketing« y les mostraré como pueden acercarse exitosamente a un nuevo rango de clientes con su presencia en esta plataforma que se ha unido diariamente por más de 100 000 nuevos usuarios y en el cual hay cerca 240 millones que ya tienen una página propia.

Los usuarios de Tumblr vienen a la parte predominante de los EEUU. Por lo tanto, si quieres entrar a ese mercado, estar presentes en esta plataforma es una buena idea. Pero porque los número de los usuarios de otros países crecen paulatinamente también, ahora es el momento correcto para posicionarte y por lo tanto ganar la ventaja decisiva de otros competidores del mercado.

Una vez que hayas trabajado con este curso rápido, sabrás todo lo que necesitas saber para no solo estar presente en Tumblr pero también tener beneficios máximos de tu presencia y por lo tanto generar nuevos prospectos y clientes.

¡Te deseo mucho éxito con esto!

12

sinceramente, Sebastian Merz

¡Te deseo mucho éxito con esto!

¿Qué es Tumblr?

Tumblr fue fundado en 2007 y es ahora parte del grupo Yahoo. La intención del sitio web es llenar esa brecha entre Twitter (con sus actualizaciones limitadas a 140 caracteres) y los blogs Wordpress (con una tendencia de entradas más largas).

Con eso, Tumblr es una plataforma de microblogging en la que siete diferentes tipos de posts son posibles:

- Textos
- Imagenes
- Videos
- Enlaces
- Citas
- Archivos de Audio
- Chats

Con eso, Tumblr ofrece una excelente base para mostrar la imagen pública de una marca, compañía o de un producto al punto, asequible y con pequeñas intervenciones. Porque allí, sobretodo, está la posibilidad de enlazarse a otras presencias y transferir posts sin haber gastado tiempo adicional, el esfuerzo de mantener una presencia apropiada es mantenido en revisión.

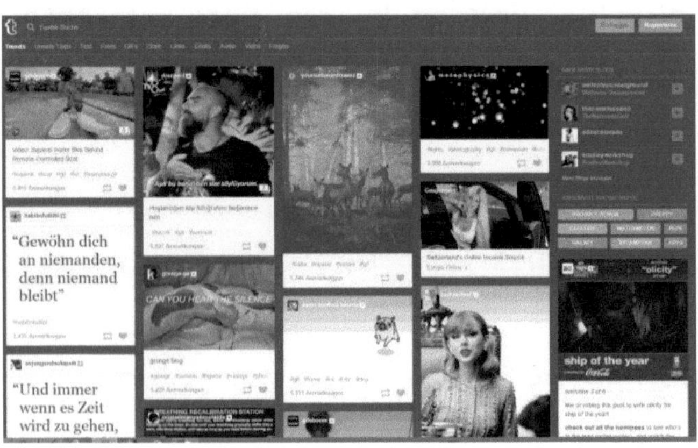

Número estadísticos para Tumblr (redondeados)

- 240 M. Blogs
- 115 G. entradas (escrito es: 115'000'000'000 entradas)
- 80 M. nuevas entradas / día
- 20 min. tiempo medio de residencia de los usuarios
- 45% de los usuarios están por debajo de la edad de 40
- 120'000 nuevos usuarios / día
- ⅓ de los usuarios tienen un ingreso familiar de más de 100'000 US$
- 15 versiones de lenguaje disponibles
- 17% usan Tumblr en el trabajo
- 21% de los usuarios compran servicios y/o productos en internet diariamente
- 4 M. de usuarios regulares son Alemanes
- Tumblr está en el primer lugar con

respect al regarding the apego emocional a las marcas

(fuete: Reporte Adobe Social Media)

El ultimo número debería de motivarnos a ver esa plataforma más precisamente.

Los 7 pasos al éxito

Si quieres usar Tumblr como canal de marketing, es recommendable proceder basado en los siguientes pasos:

- **Definición de la estrategia**- ¿A quién quieres dirigirte y con que objetivo? ¿Cuál es tu objetivo?
- **Crear un propio blog Tumblr** – estarás en línea dentro de unos cuantos minutos.
- **Hacer tu blog TU blog** - La marca y la individualización hace que un blog normal se convierta en su microblog úico.
- **Deja la base para la confianza** – Resalta de la multitud de bloggers anónimos y de la base confiable con eso.
- **»Hola mundo«** - Crea tus primeros posts de Tumblr.

- **Herramientas de marketing de Tumblr** – Detalles que ayudan a distinguirte entre una pared y una estrella.

- **Ganar Seguidores** – Incrementa tu popularidad y gana nuevos clientes.

Como muchas otras compañías, pronto notarás que Tumblr ofrece muchas posibilidades, especialmente en contextos de negocios. Estos no son nada complicados. Solo es necesario verlos precisamente y activamente utilizarlos.

Estrategia

Antes de que incluso empieces a dar los primeros pasos con configurar tu sitio web Tumblr, debes primero (como con cualquier actividad de marketing) pensar un poco.

Sin duda, sabes el grupo objetivo de los clientes que tiene hasta el momento y de acuerdo a eso has pensado claramente sobre posicionamiento, tipo de acercamiento, deseos de los clientes, tus ofertas para ellos, etc. Sin consideraciones de esa manera, tu actividad de marketing será »un disparo en la oscuridad« que solo puede traer éxito por accidente.

Si ahora quieres ser activo en Tumblr, debes también pensar sobre esa plataforma. Es impensable que puedas, por ejemplo, querer acercarte y probar solo una parte de tu antigua clientela o quizá una clientela completamente diferente con tu presencia en Tumblr.

Puede ser posible que quieras vender productos de alto precio para clientes exclusivos con tu servicio usual y ahora quieras llegar a un nuevo, grupo joven de compradores con la ayuda de Tumblr. También está la posibilidad de simplemente expander el rango existente de clientes geográficamente o lograr un cambio más cercano con los clientes existentes.

Toma unos minutos y piensa sobre las siguientes preguntas antes de comenzar. Idealmente, escribe las respuestas y tómalas como el criterio para todo tu trabajo siguiente:

- ¿Qué meta estás siguiendo con tu presencia en Tumblr? (Información de un cierto tema, construir una red, branding, generación de clientes): dependiendo de tu meta tus actividades, pero también tus acciones pueden variar considerablemente.

- ¿A qué se quiere dirijir la gente?
    - ¿Cómo se ven?
    - ¿Qué es importante para ellos?
    - ¿Cuál es su formación académica?
    - ¿Cómo les gusta comunicarse?
    - ¿Donde viven estas personas? ¿En qué lenguaje se comunican?
    - ¿Cuáles son las metas de estas personas? ¿Qué los mueve?
    - ¿Qué están buscando estas personas en línea, por qué están dispuestas a gastar dinero?
    - ¿Cuánto están dispuestas estas personas a gastar en tu servicio / tu producto?

- ¿Que ofrecen tus competidores a estas personas?
- ¿Qué valores excedentes puedes ofrecerles a diferencia de tus competidores?(¡Con esa pregunta el precio es la única última opción!)
- ¿Cómo quieres medir el éxito de tu presencia en Tumblr?

Una vez que has respondido a estas preguntas, tienes una Buena base para configurar tu presencia en Tumblr.

Tu blog en Tumblr

Configurar un nuevo blog es extremamente fácil. Ve al sitio web www.tumblr.com y sigue las instrucciones. Cuando te pidan agregar a los primeros seguidores, puedes hacer eso, pero también, déjalo de último. Lo mismo vale para la entrada de más detalles. Lo único que debes hacer rápidamente es elegir un nombre de usuario y definir el título de tu sitio web con el nombre de tu negocio o marca. Si ese nombre ya no está disponible, piensa en alternativas. Abreviaciones o agregar nombres geográficos hace más sentido que utilizar nombres sin sentido que no traen beneficio. Puedes ajustar ambos luego en cualquier momento.

Individualiza tu blog de Tumblr

Muchas compañías ajustan su enfoque equivocadamente en invertir mucha fuerza en configurar plantillas y ajustarlas a la identificación de la compañía cuando hacen un blog en Tumblr. Hace, de hecho, séntido ajustar el blog a la imagen y color de la presencia pública de la compañía. Pero se pueden ajustar en cualquier momento y pueden ser optimizados basados en experiencias previas. Especialmente para compañías más pequeñas, hace sentido hacer la individualización del blog de Tumblr de una forma pragmática.

En esa ocasión, debe notarse que el usuario puede manejar varios microblogs con la misma cuenta. Eso puede ser útil si por ejemplo también manejan negocios secundarios o si eres responsable de la presencia publicitaria de un club o asociación. Similarmente y pensablemente es que manejes diferentes blogs para diferentes grupos o clientes. Debe notarse aquí que un solo blog bien mantenido sin duda trae más éxito que media docena de blogs, en los que nuevas entradas se colocan cada algunos meses.

Cuando configures tu propia presencia publicitaria debe ser el principio máximo que el expectador note de que se trata el sito a simple vista. Quizá no tengan la oportunidad de un Segundo vistazo.

La información más importante que debes ajustar es (ya que no ha sucedido antes):

- Título del Blog
- Descripción
- Avatar (128x128 px.)
- Plantilla (también llamado tema).

Título, descripción y avatar

Las primeras tres piezas de información pueden ajustarse directamente haciendo clic en el campo respectivo. Nota que solo debes enlazar a tu sitio »normal«, si es posible, en la descripción.

Cuando configuras un sitio web, debes asegurarte de utilizar imágenes claramente reconocibles e imágenes. Debes evitar trabajar con textos publicitarios e imagenes. El marketing exitoso está siempre basado en las necesidades del cliente y muestran beneficios basados en el cumplimiento de sus necesidades.

Para el cliente no importa lo que quisieras vender – solo está interesado en si y como puedes complacer sus necesidades.

Los elementos que muestras en tu blog son mayormente basados en la plantilla que se utiliza. Para eso, Tumblr te proporciona un gran número de plantillas – algunas son gratuitas y otras cuestan dinero. Sobre todo, puedes utilizar tus propias plantillas. Pero las plantillas pueden ser ajustadas con la ayuda de una aplicación incluida de programación de interface. La mayoría de los usuarios no necesitan esa capacidad de expansión. Con la ayuda de la parametrización, hay una gran gama de opciones disponibles sin programación.

Con el botón »editar Plantilla« en los ajustes, Puedes ajustar plantillas existentes y elegir nuevas.

Las opciones que están disponibles en el modo de edición pueden diferir de plantilla a plantilla. Pero usualmente, los botones respectivos son explicativos y pueden ser probados sin mayores consecuencias. Solo, una vez que hayas hecho clic en el botón de »guardar«, los ajustes son aplicados.

La pregunta de si la obligación de proporcionar un tope aplica al sitio Tumblr, aunque sea un sitio de EEUU, No puedo responder como un no-jurista. Pero Sin duda hace sentido identificarse claramente en un sitio de Tumblr. Esto se hace mejor creando un sitio »sobre nosotros«. Claro, ese sitio también puede nombrarse diferente.

Lo que es importante sobre eso es que necesitas estar pendiente de que todos pueden crear un sitio web en Tumblr para todo y solo tiene que legitimizarse a ellos mismos en Tumblr con su correo electrónico. Los usuarios saben eso también. Por lo tanto es importante también mostrarse claramente como una empresa trabajadora, que merece confianza, en el microblog propio.

Puedes agregar un nuevo sitio web con la ayuda del panel »editar plantilla« si bajas hasta el final de la lista del manú. Allí puedes encontrar la opción respectiva.

En la siguiente ventana, puedes ingresar el título y el contenido de la nueva página. Con eso, puedes tanto utilizar el HTML así como ajustar los elementos insertados con las funciones en la lista del menú. También, elige una atractiva URL sin modificación u otros caracteres adicionales. Subsecuentemente, configure la opción »agregar un enlace a esta página.«

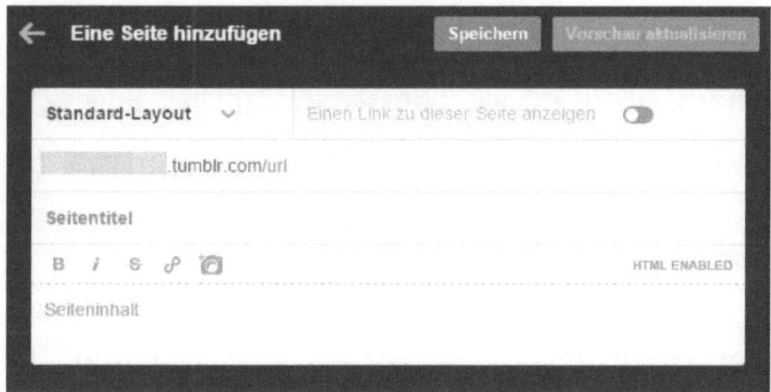

Una Buena página »sobre nosotros« incluye información sobre los siguientes temas:

- Una pequeña presentación de tu compañía: ¿quién eres, qué haces, qué te motiva?

- Tu información de contacto (Donde se puede encontrar, si es necesario, número telefónico, direcciones, tiempos para abrir, etc.)

- La URL de tu sitio web principal(La meta es llevar a los visitantes a ese sitio web)

Formula el texto basado en beneficios con un enfoque en los clientes! Limítate a lo que es más importante. Lo siguiente aplica: » La brevedad es el alma del ingenio «.

Personalmente, consider útil agregar la información legal en una página separada. Esto, lo delimit claramente de la página anteriormente mencionada porque la información legal no es tan interesante a la mayoría de lectores.

»Hola mundo« - Tus primeros posts en Tumblr

Como se mencionó al principio, hay cinco tipos de interacción en Tumblr. Estos son texto, imágenes, citas, enlaces, chat, audio y video. Cualquier tipo de comunicación que uses, algunas consideraciones básicas decidirán sobre si tu presencia en Tumblr será exitosa o no.

- Crea posts valiosos que traigan beneficios. Ese beneficio puede ser en la forma de ganar información o de naturaleza emocional.
- Los posts deben ilustrar al lector y su actitud.
- La meta para un post es siempre convertirse en viral siendo rebloggeada por los lectores para que no solo llegua a las personas que ya conoces sino personas que conocen a la persona que rebloggeo el post. Con eso, alcanzas un

efecto viral.

- Llega al punto- la minoría de los usuarios quieren ver videos largos, textos y presentaciones.

- La calidad es mucho mejor que la cantidad. Quienes se sienten llenos de notaciones, con una gran posibilidad seleccionarán la opción de »dejar de seguir«.

Es importante que entiendas que la meta de las redes sociales no es que tus contactos vean tus notas en su tablero. Si es sería la meta de las redes sociales, podrías igual enviar un email o carta a la persona respectiva o llamarlos. Es más que todo de regar contenido valioso que los usuarios puedan regar y por lo tanto publicitar para ti.

Un ejemplo de eso puede ser un productor

de artefactos modelo que pasa la información sobre un modelo de aviones nuevo o reporta sobre desarrollos tecnológicos, incluso si no está presente en ninguno de ellos.

Si tiene una aeronave modelo de hélices en su círculo de seguidores, ellos pueden rebloggear la información a sus seguidores y el envidador original estará enlazado an cada una de estas notificaciones. Con eso, atraerá amplio interés y los nuevos seguidores que, aparte de eso, pueden visitar su negocio. Así es como un mensaje que está leído por 20 seguidores pueden llegar a alcanzar una lectura de 100, 1000 o incluso más lectores alrededor del globo por ser rebloggeados.

Un requerimiento para bloggear es siempre

que el recipiente aprecia el contenido y que lo encuentra interesante, divertido o espectacular suficiente para reenviarlo a sus contactos. Si visualices eso, puedes estimar cuantos lectores reenviarán una notificación en las líneas de »Somos lo más hermoso.« ¡Nadie!

Herramientas de marketing de Tumblr

Tumblr te ofrece muchas posibilidades para marketing en la plataforma. En lo siguiente veremos cinco herramientas a más detalle:

- Posts
- Notas
- Notificaciones de Correo como posts
- Anuncios Pagados
- Interacción móvil

Posts

Los Posts se pueden hacer en varias formas. Lo importante con eso es que claramente siempre tienen que corresponder a una meta definida de tu estrategia. Información privada de estado, los posts con información irrelevante que no tengan que ver con tu negocio, etc. Se deben evitar. Logras un increment considerable en tu actividad (y los contactos resultantes) si consideras los siguientes puntos:

- Debe ser posible rebloggear los posts
- Hacer los posts activados en los que animasa la gente a tomar acción. Popr ejemplo hacienda información de alto alcance descargable y enlazandolas apropiadamente o el me gusta
- También puedes preguntar al usuario

activamente reblogear una nota; si nombras una razón para eso, tienes una grande oportunidad de ser escuchado

- Usa etiquetas. Estas no solo ayudan con buscar pero son rastreables. También pueden ayudar a fortalecer tu imagen pública. En mi libro sobre el marketing hashtag, puedes encontrar una sección sobre el uso de Tumblr.[1]

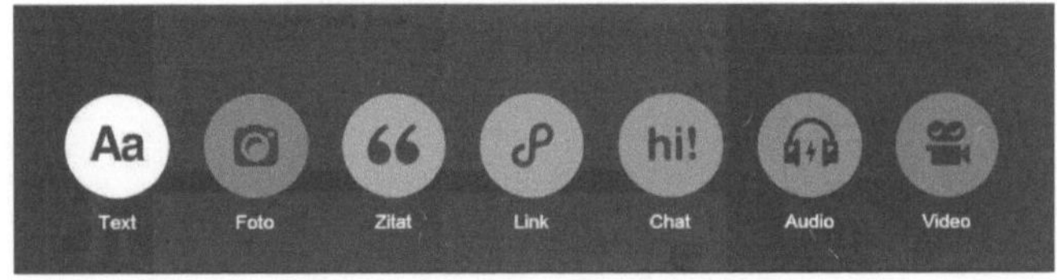

Nota

Diferente de otras plataformas de redes

---

[1] Merz, Sebastian: # Hashtag-Marketing: Como puedes encontrar lectores y clients con marketing hashtag – ¡Simple, rápido, gratis!, CreateSpace, 2015

sociales, es suficiente seguir un blog en Tumblr.com para enviar a la persona que maneja este blog un mensaje. Con eso, hay un límite para mensajes de texto que puede, sin embargo, ser ajustado con el uso de plantillas. Está la posibilidad de enviar un número ilimitado de mensajes. Pero el spam no se tolera.

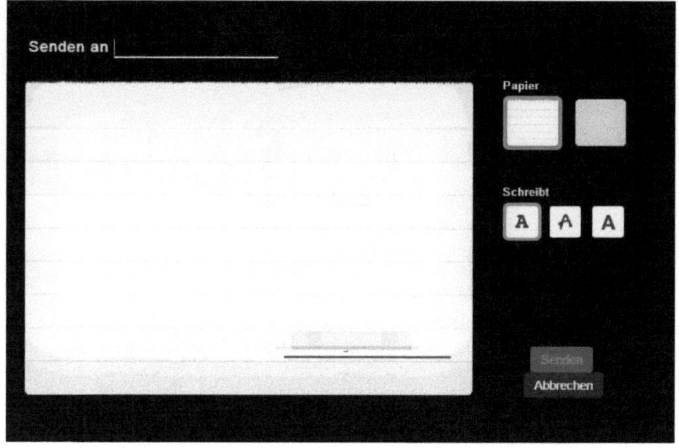

Posts por email

Cuando no puedes estar en línea, también está la posibilidad para directamente enviar textos, imagenes, MP3 archivos o videos de cualquier email de clientes en cualquier tiempo. Para esto, es meramente necesario enviar el email a la dirección de correo que se muestra en los ajustes de su blog.

Con respecto a eso, Tumblr escribe en su sitio web:

¿Cómo envías un post?

- *Ingresar el texto dentro del cuerpo de texto del email.*
- *Ingrese el título en la línea del tema (opcional).*

¿Cómo envío una imagen o un post de imagen?

- *Adjuntar una imagen al email.*
  - *Poner una leyenda en la línea de asunto o el cuerpo del texto.*

¿Cómo envío enlaces?

- Escribe un título de enlace en la línea de tema.
- Insertar un enlace en el cuerpo de texto del email.

¿Cómo envío citas?

- Insertar una cita en el cuerpo de texto del email.
- En cualquier caso, di a quién citas(!).

¿Cómo envío una entrada de chat?

- Insertar un diálogo en el cuerpo de texto del email.
- Establece el título de la entrada en la línea de tema (opcional).

¿Cómo etiqueto una entrada por email?

- *Inserta etiquetas al final del email y no te olvides el hashtag (ej. #apple #tecnica).*

Publicidad pagada en Tumblr

Un amplio campo en Tumblr es publicidad pagada. Puedes encontrar toda la información necesaria para eso en:

www.tumblr.com/business

Usa tu teléfono, tu tablet u otra terminal móvil.

Allí existen muchas apps bien diseñadas que hacen posible interactuar en el camino y directamente postear imágenes, grabaciones de sonido, textos y el me gusta de tu teléfono móvil.

Puedes encontrar las apps necesarias en:

www.tumblr.com/apps

Gana seguidores fácilmente y seguramente

Sin imporatar que tan increíbles son tus contenidos, sin seguidores, por lo tanto, la gente los puede leer, no tendrán efecto. Ganar la cantidad »correcta« de seguidores es el arte actual con más plataformas sociales.

En general, una puede decir que un seguidor en Tumblr puede ser comparado a una opción de participación en un listado de email marketing. En ambos casos, un destinatario, posiblemente de su grupo objetivo, de acuerdo en que se le permite comunicarse más con él e informarle. La gran ventaja en Tumblr es que un reenvío de información a la red de tu destinatario es mucho más probable que lo que sería en el caso de marketing de email.

Cinco estrategias fundamentales para ganar seguidores son mencionadas en la siguiente:

- Sigue esos blogs de personas y compañías que son de tu interés. Muchos de ellos automáticamente te seguirán de vuelta.
- Cuando ese no es el caso, puedes preguntar específicamente y sugerirles seguir a tu blog. Con la ayuda de la función de mensaje, puedes enviar mensajes a cualquiera que estés siguiendo.
- Puedes enviar posts propios que tienen

mucha retroalimentación positive y te traerán nuevos seguidores de nuevo en un punto más atrasado en el tiempo o puedes variarlo ligeramente y por lo tanto construir tu éxito.

- Puedes rebloggear posts relevantes de otros que yah an sido rebloggeados mucho. Con eso, incrementas la posibilidad de que los posts sean rebloggeados port us contactos así como que te pueden traer nuevos contactos.
- Invita a tus contactos en Tumblr. En la página www.tumblr.com/lookup, puedes invitar contactos de Facebook y Goggle para que te sigan en Tumblr.

Al darse cuenta de estas cinco medidas sencillas, debería ser posible para que usted pueda multiplicar el número de sus seguidores en un corto periodo de tiempo.

requisito básico para que se ejecute un blog en Tumblr atractiva que ofrece un valor añadido a sus clientes y que sea activo en el sitio web (pero no hiperactivo).

Lo que debes evitar

A continuación, se discuten dos errores que pueden descalificar su presencia en Tumblr:

Publicitar blah blah

Muchas empresas establecen sus blogs Tumblr con falsas suposiciones y textos publicitarios, fotografías utilización de marketing, y datos similares. Estos no deben entrar en tu blog al igual que se debe evitar a Clapp constantemente en la espalda. Sus lectores no quieren leer la cartera de prensa de su empresa (a menos que se produzca un blog de prensa dedicada). Más bien quieren echar un vistazo detrás de la cortina y construir un vínculo.

Los medios sociales se tratan de direccionamiento y la percepción de las personas como personas. La gente quiere usted y sus productos sentirán en un tipo diferente de manera que lo harían en folletos brillantes. Una instantánea insertada correctamente a menudo puede tener un efecto mayor en un blog de una fotografía agencia cara.

Comprar seguidores y reblogs

Por supuesto que se ve más impresionante para tener una cuenta de Tumblr con miles de seguidores que con sólo 20. Muchos proveedores de hacer un negocio con eso y ofrecen para conseguir que los seguidores reales, por lo general por poco dinero, o reblogs a través de intercambio de enlaces y similares.

Mantenga sus manos fuera de eso. Seguidores y reblogs de personas que no están interesados en sus preocupaciones, sus productos y su empresa y que a menudo también se sientan en el otro extremo del mundo, son (con independencia de que realmente existen o si son perfiles falsos) no tiene importancia y use. Ellos no son más que (al igual que algunas celebridades que de repente tienen miles de nuevos seguidores desde el sureste de Asia en días) ridícula.

Cuando necesitas ayuda

Si usted tiene más preguntas relacionadas con el tema o si usted está buscando para las empresas de servicios que apoyan con su comercialización en línea, envíenos una solicitud:

hashtag.buch@gmail.com

Sinceramente, Sebastian Merz + Equipo

HASHTAG MARKETING
Cómo puedes encontrar lectores y clientes con marketing de hashtag - ¡Sencillo, rápido, gratis!
Sebastian Merz